Lieder für Mama
- Die schönsten Kinderlieder zum Muttertag -

Kids Songs for a Happy Mother's Day

Das Liederbuch mit allen Texten, Noten und Gitarrengriffen zum Mitsingen und Mitspielen

Stephen Janetzko

Copyright © 2015 Verlag Stephen Janetzko, Erlangen
www.kinderliederhits.de
Alle Lieder verlegt bei Edition SEEBÄR-Musik Stephen Janetzko, Erlangen
Online-Shop im Internet unter www.kinderlieder-shop.de
Coverillus: *Stephen Janetzko Lizenzgeber* - Covergrafik: Stephen Janetzko
Notensatz, grafische Vorbereitung und Idee: Stephen Janetzko
All rights reserved.

ISBN-10: 3957220963

ISBN-13: 978-3-95722-096-7

Inhaltsverzeichnis

Lieder: **Seite:**

Meine Mama ist die Beste (Muttertagslied)	4
Mama, ach, ich hab dich lieb (Mama-Lied)	5
alternativ singbar: *Papa, ach, ich hab dich lieb (Papa-Lied)*	6
Ich schenk dir eine rote Rose	7
Ein Engel für dich	8
Geburtstag im Mai	9
Tschakka, du schaffst es (Ein kleines Mutmachlied)	10
Die Mama ist die 1 (Mama, Papa, Bruder, Schwester und ich)	11
Mutig, stark und weise (Engelgeleit-Kanon)	12
Der kleine Windelrocker (Wickellied)	13
Gemeinsam sind wir stark	14
Hand in Hand	15
Kinder können mehr	16
Mein Papa ist der Champion (Papa-Lied)	17
Meine Oma	18
Ein bisschen so wie Mama	19

Meine Mama ist die Beste
(Muttertagslied)

Text: Andrea Lederer; Musik: Stephen Janetzko;
© Edition SEEBÄR-Musik Stephen Janetzko, www.kinderliederhits.de

1. Meine Mama ist die Beste! Darum gehe ich hinaus,
pflücke ihr zu diesem Feste einen großen Blumenstrauß.
Refrain: Ja, der Muttertag ist endlich da,
Ich freu mich schon, wie jedes Jahr, die Mama zu beschenken!
La la lala lalala. La la lala lala.

2. Meine Mama ist die Beste!
   Weckt mich jeden Morgen auf,
   hilft mir in die Schuh und Weste,
   fährt zum Kindergarten rauf.
Refrain: Ja, der Muttertag ist endlich da...

3. Meine Mama ist die Beste!
   Spielt oft mit mir, eins, zwei, drei.
   Und beim Kindergartenfeste
   ist sie stets auch mit dabei.
Refrain: Ja, der Muttertag ist endlich da...

4. Meine Mama ist die Beste!
   Brauch ich Hilfe, ist sie hier!
   Hab ich Kummer oder Schmerzen,
   tröstet sie mich, ist bei mir.
Refrain: Ja, der Muttertag ist endlich da...

5. Meine Mama ist die Beste!
   Ist sie nah oder auch fern,
   sag ich ihr an diesem Feste:
   Mama, ich hab dich so gern!
Refrain: Ja, der Muttertag ist endlich da...

Mama, ach, ich hab dich lieb (Mama-Lied)

Text und Musik: Stephen Janetzko; CD "Stark wie ein Baum"
© Edition SEEBÄR-Musik Stephen Janetzko; www.kinderliederhits.de

2. Mama, wenn du bei mir bist, dann hab ich keine Sorgen,
Mama, komm und spiel mit mir und denk nicht nur an morgen!
Mama, hast du´s schon gewusst, ich bin dein größter Fan!
Mama, Mama, Mama, ich find dich wunderschön!
Mama, Mama, Mama, ich find dich wunderschön!

3. Mama, ach, ich hab dich lieb, du bist die Allerbeste!
Mama, darum drück ich dich, ich drücke dich ganz feste!
Mama, hast du´s schon gewusst, ich bin dein größter Fan!
Mama, Mama, Mama, ich find dich wunderschön!
Mama, Mama, Mama, ich find dich wunderschön!

Papa, ach, ich hab dich lieb (Papa-Lied)

Text und Musik: Stephen Janetzko;
© Edition SEEBÄR-Musik Stephen Janetzko, www.kinderliederhits.de

Tempo: ca. 168

1. Pa-pa, ach, ich hab dich lieb, du bist der Al-ler-bes-te! Pa-pa, da-rum drück ich dich, ich drü-cke dich ganz fes-te! Pa-pa, hast du's schon ge-wusst, ich bin dein größ-ter Fan! Pa-pa, Pa-pa, Pa-pa, mit dir ist's wun-der-schön! Pa-pa, Pa-pa, Pa-pa, mit dir ist's wun-der-schön!

2. Papa, wenn du bei mir bist,
dann hab ich keine Sorgen,
Papa, komm und spiel mit mir
und denk nicht nur an morgen!
Papa, hast du's schon gewusst,
ich bin dein größter Fan!
Papa, Papa, Papa,
mit dir ist's wunderschön!
Papa, Papa, Papa,
mit dir ist's wunderschön!

3. Papa, ach, ich hab dich lieb,
du bist der Allerbeste!
Papa, darum drück ich dich,
ich drücke dich ganz feste!
Papa, hast du's schon gewusst,
ich bin dein größter Fan!
Papa, Papa, Papa,
mit dir ist's wunderschön!
Papa, Papa, Papa,
mit dir ist's wunderschön!

Spielanregung:
Natürlich besonders herzig zum Vatertag
und zu Papas Geburtstag.
Kann durch Gesten unterstützt werden:
Allerbeste: Daumen hoch zeigen!
Drücken: sich selbst umarmen.
Größter Fan: Arme hoch und hin und her winken
(wie in der Fankurve mit Fanschal)
Wunderschön: sich mit den Händen jeweils den
anderen Oberarm abstreichen
Sorgen: Stirn in Falten legen
Morgen: Kopf schütteln
Usw.usf.

Hinweis:
Das Lied gibt's auch in der Mama-Version
auf der CD „Stark wie ein Baum",
ISBN 978-3-941923-39-3

Ein Engel für dich

Text: Christa Baumann/Stephen Janetzko; Musik: Stephen Janetzko; CD "Das Licht einer Kerze - Die 25 schönsten Weihnachtslieder" © Edition SEEBÄR-Musik Stephen Janetzko, www.kinderliederhits.de

Refrain: Ein Engel für dich, nur für dich, behütet dich, beschützt dich, wird immer bei dir sein.

1. Alle Menschen, du und ich, haben einen Engel. Komm, erzähl ihm, was dich sorgt, denn er hilft ohne ein Wort, tröstet dich und macht dich froh, lässt dich wieder lachen.

Refrain: Ein Engel für dich…

2. Wenn du manchmal traurig bist, kannst du mit ihm reden.
Sag ihm, was dich zornig macht,
du wirst niemals ausgelacht.
Er lässt dich niemals allein, auch im tiefsten Dunkel.

Refrain: Ein Engel für dich…

3. Wenn du wieder lachen kannst, freut er sich von Herzen.
Denn er will dich glücklich sehn,
darum wird er mit dir gehn,
jeden Tag und jede Nacht, lässt dich nie alleine.

Refrain: Ein Engel für dich…

als Schluss nach dem letzten Refrain:

sein… Ein Engel für dich!

Geburtstag im Mai

Text: Rolf Krenzer; Musik: Stephen Janetzko; CD "Ritter Kunibert"
© Edition SEEBÄR-Musik Stephen Janetzko, www.kinderliederhits.de

Tempo: ca. 180

1. Wer im Mai Geburtstag hat, kann den Himmel sehn, denn die Vögel singen doch nur im Mai so schön. Refrain: Blumen, Blüten überall, und der Bäume Grün ist so frisch wie niemals mehr. Schau nur zweimal hin!

2. Lichtdurchflutet ist der Raum. Fenster offen stehn.
Wer im Mai Geburtstag hat, kann den Himmel sehn.

Refrain:
Blumen, Blüten überall, und der Bäume Grün
ist so frisch wie niemals mehr. Schau nur zweimal hin!

Tschakka, du schaffst es!

Text und Stephen Janetzko; CD "Viele schöne neue Kinderlieder"
© Edition SEEBÄR-Musik Stephen Janetzko, www.kinderliederhits.de

Refrain: Tschak-ka, du schaffst es! Du brauchst nur et-was Mut.
Tschak-ka, du schaffst es! Es wird schon alles gut. Tschak-ka, du schaffst es, und ist dir das zu viel... tschak-ka, du schaffst es ...dann ist der Weg das Ziel, tschak-ka, du schaffst es... dann ist der Weg das Ziel.

1. Wenn du dich al-lei-ne fühlst, dann mach ich nicht lang rum!
Ich stell mei-ne bes-ten En-gel ein-fach um dich rum!
Und im Ohr ein Knis-tern... Hörst du es lei-se wis-pern?
Refrain.

2. Wenn du manchmal traurig bist, dann fackle ich nicht lang!
Ich häng meine besten Engel einfach an dich dran!
Und im Ohr ein Knistern... Hörst du es leise wispern?
Refrain.

3. Bist du hilflos, ohne Mut, dann zögre ich kein Stück!
Ich schick meine besten Engel nur zu deinem Glück!
Und im Ohr ein Knistern... Hörst du es leise wispern?
Refrain.

Die Mama ist die 1
(Mama, Papa, Bruder, Schwester und ich)

Text und Musik: Stephen Janetzko; CD "Blubb, blubb, blubb, macht der Fisch"
© Edition SEEBÄR-Musik Stephen Janetzko, www.kinderliederhits.de

Tempo: ca. 168

Die Mama ist die 1,
aus der bin ich geschlüpft.
Der Papa ist die 2,
mit dem bin ich gehüpft.
Mein Bruder ist die 3,
der ist der Größte hier.
Die Schwester, ja die Schwester?
Das ist die Nummer 4.
Und ich, ich, ich,
ja ich, ich, ich,
ich bin die große kleine 5!

Spielanregung:
Wie zeigen 1-5 Finger jeweils zu den passenden Versen
(Daumen bis kleiner Finger).
Schlüpfen: so tun, als würden wir aus einem Ei schlüpfen.
Hüpfen: wir hüpfen.
Der Größte: aufstehen und nach oben strecken.
Die Schwester: innehalten und grübeln.
Ich: Jubeln und den kleinen Finger zeigen.

Mutig, stark und weise
(Engelgeleit-Kanon)

Text und Musik: Stephen Janetzko; CD "Kinderlieder für den Stuhlkreis"
© Edition SEEBÄR-Musik Stephen Janetzko, www.kinderliederhits.de

Sei mutig, stark und weise
auf deinem Weg,
wohin dich auch das Leben führt.
Bleib dir treu und sei gewiss
- ganz gleich, was auch passiert - :
Dass ein Engel dich begleiten wird.

Hinweis:
Als Schutz-Kanon z.B. zum Abschied.
(1) Sei mutig, stark und weise auf deinem Weg,
(2) wohin dich auch das Leben führt.
(3) Bleib dir treu und sei gewiss
(4) - ganz gleich, was auch passiert - :
(5) Dass ein Engel dich begleiten
(6) wird.

Der kleine Windelrocker (Das Wickellied)

Text: Christa Baumann/Stephen Janetzko; Musik: Stephen Janetzko;
© Edition SEEBÄR-Musik Stephen Janetzko, www.kinderliederhits.de

1. Komm mal her, du kleiner Rocker, kann es sein, ich rieche was?
Du versteckst dich hinterm Sofa, so machst du dir einen Spaß.

2. Erst die Hose, dann die Socken, alles mache ich dir frisch.
Und vor allem deine Windel! Komm schnell auf den Wickeltisch.

Refrain:
Du haust mich echt vom Hocker, du kleiner Windelrocker! Nein, du lässt mich nicht locker, hey du, ich hab dich lieb! hab dich lieb!

3. Doch erst streichle ich dein Füßchen
mit den kleinen Zehen dran.
Ja du lachst, wenn ich dich kitzle,
zappelst wie ein Hampelmann.

4. So, nun mache ich dich sauber,
creme dich ganz tüchtig ein.
Doch jetzt ziehst du eine Schnute,
willst schnell wieder fertig sein.

Refrain (2x).

5. Lass dich noch mal richtig drücken,
und kurz streicheln, lieber Schatz.
Und ganz schnell, bevor du aufstehst,
gibt es einen dicken Schmatz!

Refrain (2x).

Gemeinsam sind wir stark

Text und Musik: Stephen Janetzko; CD "Danke Gott"
© Edition SEEBÄR-Musik Stephen Janetzko, www.kinderliederhits.de

Refrain: Ge-mein-sam sind wir stark, ge-mein-sam pa-cken wir es an. Und hal-ten wir zu-sam-men, geht al-les gut vo-ran. al-les gut vo-ran.

1. Nein, du bist doch nicht al-lein; ich bin bei dir. Komm und reich mir dei-ne Hand und geh mit mir. Zu zweit wolln wir gehn, und du wirst es sehn:

Refrain (2x): Gemeinsam sind wir stark...

2. ...zu dritt...
3. ...zu viert...
4. ...zu fünft...
6. ...zu sechst...
7. (bzw. letzte Strophe) ...ja, alle...

Spielanregung:
Ein einfaches Spiellied (wer es gern im religiösen Bereich einsetzen möchte, kann im 2. Teil des Refrains auch alternativ singen "Mit Gott an unsrer Seite, geht alles gut voran"). Alternativ gehts auch ohne Reim "geht alles wie von selbst".
Alle stehen im Kreis und fassen sich an den Händen. Ein Kind ist zunächst allein in der Mitte. In den Strophen tritt jeweils ein weiteres Kind aus dem Außenkreis hinzu; sie nehmen sich bei den Händen und gehn gemeinsam im Innenkreis. Zum Schluss (oder wenn der Außenkreis je nach Kinderzahl zu klein wird) bilden alle einen gemeinsamen Kreis.

Hand in Hand

Text und Musik: Stephen Janetzko; CD "Bi-Ba-Badewannen-Hits - 20 Kinderlieder mit Gitarre"
© Edition SEEBÄR-Musik Stephen Janetzko, www.kinderliederhits.de

Tempo: ca. 112

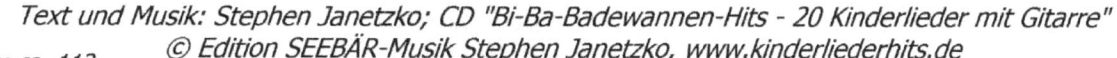

1. Schau dich mal um auf dieser Erde, so-vie-le Menschen gibt es hier. Ich denk, wir le-ben al-le ger-ne. Dass das so bleibt, das wünsch ich mir.
Was auch die Far-be dei-ner Haut ist, ob schwarz, ob weiß, ob gelb, ob rot. Sag, wie das Land heißt, wo du her-kommst. Gibt es dort Reich-tum o-der Not?

Refrain: Hand in Hand - wird es gehn, weil wir uns so gut ver-stehn.
Hand in Hand - wird es gehn, weil wir uns so gut ver-stehn.

2. Bist du ein Türke oder Deutscher? Kommst du vielleicht aus Portugal?
Glaubst du, ein Gott hat uns erschaffen? Das ist letztendlich doch egal!
Sprichst du Französisch oder Polnisch? Bist du schon alt oder ein Kind?
Lebst du von Obst oder Getreide? Schön ist, wenn alle glücklich sind.

3. Manchmal, da seh ich welche streiten, Wieso, weshalb, versteh ich nicht!
Wir sollten miteinander teilen - Tragt in die Dunkelheit ein Licht!
Kommst du aus Westen oder Osten? Und trägst du Kopftuch oder Hut?
Bist du ein Junge oder Mädchen? Ich finde alle Menschen gut!

4. Bist du ein Bäcker oder Maler? Bist Träumer oder Realist?
Ein Jeder kann dem Andern helfen, Auch wenn es noch so wenig ist.
Wir Menschen sollten uns vertragen Und alle Tiere, groß und klein!
Zusammen geht doch alles leichter - Und alle wollen Freunde sein!

Kinder können mehr

Text: Werner Schaube/Stephen Janetzko; Musik: Stephen Janetzko; CD "Hand in Hand"
© Edition SEEBÄR-Musik Stephen Janetzko, www.kinderliederhits.de

1. Kinder können mehr als die großen Leute, sie zanken und vertragen sich - heute, heute, heute.
Kinder wissen mehr als die großen Leute, sie lernen und verstehn die Welt - heute, heute, heute.

Refrain: Kinder tuen dies, und Kinder tuen das, ohne Kinder wär das Leben ganz schön blass. Kinder, die sind groß, und Kinder, die sind klein - darum lass sie nie allein! Zwischenspiel: Ohne sie, ohne sie - kriegst du Falten bald; ohne sie, ohne sie - wirst du ganz schnell alt.

2. Kinder lachen mehr als die großen Leute.
   Sie freu`n sich und verzaubern uns - heute, heute, heute.
   Kinder singen mehr als die großen Leute.
   Sie kennen tausend Melodien - heute, heute, heute.
Refrain.

Zwischenspiel: Ohne sie, ohne sie - kriegst du Falten bald;
   ohne sie, ohne sie - wirst du ganz schnell alt.
Refrain.

Mein Papa ist der Champion (Papa-Lied)

Text und Musik: Stephen Janetzko; CD "Stark wie ein Baum"
© Edition SEEBÄR-Musik Stephen Janetzko; www.kinderliederhits.de

Refrain: Mein Papa ist der Champion...

2. Wir lieben es zu kuscheln, und Fußball spieln wir auch!
Ich kitzel seine Arme und lieg auf seinem Bauch!
Refrain: Mein Papa ist der Champion...

3. Wir gehen gerne schwimmen und fahren mit dem Rad.
Wir tollen auf der Wiese und pflücken uns Salat!
Refrain: Mein Papa ist der Champion...

4. Er trägt mich auf den Schultern und wirft mich in die Luft.
Aus tausenden von Papas erkenn ich ihn am Duft!
Refrain: Mein Papa ist der Champion...

Meine Oma

Text: Constanze Grüger, Musik: Stephen Janetzko; CD "Turndrache Lotti"
© Edition SEEBÄR-Musik Stephen Janetzko, www.kinderliederhits.de

Refrain: Meine Oma - ist nicht nur schlau!
Meine Oma - ist 'ne tolle Frau!
Meine Oma - ist stark wie ein Bär!
Und sie meint, das wär nicht schwer. Sie sagt:

2. Du musst ganz kräftig strampeln auf dem Rad,
du musst auch lange sitzen im Spagat.

Refrain: Meine Oma - ist nicht nur schlau!
Meine Oma - ist 'ne tolle Frau!
Meine Oma - ist stark wie ein Bär!
Und sie meint, das wär nicht schwer. Sie sagt:

3. Du musst durch den Atlantik schwimmen,
du musst selbst den höchsten Berg erklimmen.

Refrain: Meine Oma - ist nicht nur schlau!
Meine Oma - ist 'ne tolle Frau!
Meine Oma - ist stark wie ein Bär!
Und sie meint, das wär nicht schwer. Sie sagt:

4. Du musst noch schneller laufen als der Wind,
nun bist du superfit, mein liebes Kind!

Ein bisschen so wie Mama

Text: Elke Bräunling; Melodie: Paul G. Walter; Originalversion auf CD "Ein bisschen so wie Martin"
© Edition SEEBÄR-Musik Stephen Janetzko; www.kinderliederhits.de

1. Ein bisschen so wie Mama möcht ich manchmal sein. Sie wird immer an mich denken und von ihrer Welt mir schenken. Nur ein bisschen, klitzeklein, möchte ich wie Mama sein.

2. Ein bisschen so wie Papa
möcht' ich manchmal sein.
Mit ihm kann ich klettern, laufen,
boxen, schwimmen und auch raufen.
Nur ein bisschen, klitzeklein,
möchte ich wie Papa sein

3. Ein bisschen so wie Oma
möcht' ich manchmal sein.
Mit ihr schmusen, sie umarmen,
kuschelwarm in ihren Armen.
Nur ein bisschen, klitzeklein,
möchte ich wie Oma sein.

4. Ein bisschen so wie Opa
möcht' ich manchmal sein.
Mit ihm kann ich immer lachen
und viel lust'ge Sachen machen.
Nur ein bisschen, klitzeklein,
möchte ich wie Opa sein.

5. Ein bisschen von euch allen
und ein Stück von mir
möcht' ich immer in mir spüren.
Es wird mich durchs Leben führen.
Es ist schön, dass es euch gibt,
dass ihr euch und mich so liebt.

Unsere CD-Empfehlung:

Stephen Janetzko:
CD Stark wie ein Baum -
Frühling, Natur, Ostern, Hexentanz (Walpurgisnacht), Muttertag (und Vatertag)

Über die CD:
Stark wie ein Baum - Frühling, Natur, Ostern, Walpurgisnacht, Muttertag
20 frühlingsfrische Lieder für Kinder zum Zuhören, Mitsingen, Tanzen und Bewegen von und mit Stephen Janetzko.
Für jüngere Kinder im Kindergarten-, Vorschul- und Grundschulalter (2-8 Jahre).

Erweiterte Ausgabe ab sofort erhältlich: Enthält zusätzlich zur bisherigen Fassung ein zwölfseitiges Booklet mit allen Liedtexten.

Alterszielgruppe ca. 2-10 Jahre, ideal 3-8 Jahre - Spieldauer ca. 56:32 min.
Best.-Nr. 91033-273 - ISBN 978-3-941923-39-3
INFO & SHOP: **www.kinderliederhits.de** - © SEEBÄR-Musik (Labelcode LC 05037)

Ebenfalls sind zu dieser CD weitere Begleitmaterialien erhältlich.

Alle Lieder dieses Liederbuchs sind auch in einer gesonderten Zusammenstellung EXKLUSIV als Download erhältlich:

Bitte schauen Sie auf iTunes, amazon, spotify und vielen anderen Musikportalen nach Liedern von und mit Stephen Janetzko.

... mehr Info, mehr CDs, mehr Lieder & Noten:
www.kinderliederhits.de

Raum für eigene Notizen:

www.kinderliederhits.de

... mehr Info, mehr CDs, mehr Lieder & Noten:
www.kinderliederhits.de

Stephen Janetzko

Mit einer 20-minütigen MC „Der Seebär" fing alles an, heute sind es weit über 600 Kinderlieder, die der gebürtige Hagener Liedermacher bereits auf über 50 CDs und in zahllosen Liedsammlungen veröffentlicht hat. Viele davon, wie „Hallo und guten Morgen", „Wir wollen uns begrüßen", „Augen Ohren Nase", „Das Lied von der Raupe Nimmersatt", „Hand in Hand" oder „In meiner Bi-Ba-Badewanne", werden heute gesungen in Kindergärten, Schulen und überall, wo Kinder sind.

www.kinderliederhits.de

Alle Rechte vorbehalten.

Dieses Werk ist urheberrechtlich geschützt. Jegliche Vervielfältigung und Verwertung ist nur mit Zustimmung der Autoren bzw. des Verlags zulässig. Das gilt insbesondere für Übersetzungen, die Einspeicherung und Verarbeitung in elektronischen Systemen sowie für das öffentliche Zugänglichmachen wie zum Beispiel über das Internet.
Ein Nachdruck oder eine Weiterverwertung ist nur mit schriftlicher Genehmigung des Verlags möglich.

© Verlag Stephen Janetzko, **www.kinderliederhits.de**

www.ingramcontent.com/pod-product-compliance
Lightning Source LLC
Chambersburg PA
CBHW081504040426
42446CB00016B/3389